...Sfințească-se numele Tău...

Karmen Zaharia

...Sfințească-se numele Tău...

Karmen Zaharia

-Bucuria sfântă -

Tehnoredactare: AG, text explicativ

Fotografii: autoarea

ISBN: 978-0-359-60475-3

Editura SAGA 2019

Editura SAGA

Cuvânt înainte

Pictez cu sufletul, cu o aripă de înger deasupra capului drept acoperiș și cu Duhul Sfânt sfătuitor de taină și îndrumător al mâinilor mele de umil și smerit ucenic. Vorbesc cu icoana, o mângâi și o slăvesc cu bucurie, aplecată asupra chipurilor sfinte și cuminți care mă îngăduie în aura de sfințenie ce-i învăluie și-mi dau binecuvântarea spre terminarea lucrului cum se cuvine și în chip desăvârșit. Inima se roagă iar mâna închipuie cu trudă și iubire chipuri sfinte.

Karmen Zaharia

Sf. Prooroc Ilie

Răstignirea Domnului

**Iisus viță
-tempera
pe sticlă**

Sf. MC. Filofteia

Karmen Zaharia, pictor ucenic... așa se prezintă, cu o modestie medievală cum medievale și "modeste" sînt și preocupările-i plastice; miniaturi din antice manuscrise, icoane pe sticlă ale țăranilor artiști, autohtoni, icoană bizantină... lumea, dusă la superlativ, a pictorului ucenic Karmen Zaharia.

Albu Jan - pictor

Sf.Prooroc Ioan Botezătorul

Maica Domnului cu pruncul

Sf.Arhanghel Mihail

Iisus Hristos Binecuvântând

Maica Domnului Îndurerată

Sf. Arhanghel Mihail

Este un arhanghel în învățăturile iudaice, creștine și islamice. În ebraică, semnificația numelui Mihail (mi - care, ke - ca, El - divinitate) este interpretată în mod tradițional ca o întrebare retorică: „Cine este ca Dumnezeu?" (la care se așteaptă un răspuns negativ), pentru a sugera faptul că nimeni nu este ca Dumnezeu.
În acest fel, Mihail este reinterpretat ca un simbol de umilință în fața lui Dumnezeu.
În Noul Testament, Mihail conduce armatele lui Dumnezeu împotriva forțelor lui Satana în Cartea Apocalipsei, unde în timpul războiului din cer îl învinge pe Satana. În Epistola lui Iuda se face referire la Mihail în mod special ca „arhanghel".

Sfânta Treime

**Nașterea Domnului
- detaliu-**

Pagina următoare:

"Botezul Domnului"

Sf.Mare Mucenic Gheorghe

Rafinată, cu un gust delicat al mișcării culorilor, Karmen Zaharia oferă prin lucrările sale hrană vie privirii, acea muzică pe care, atunci când o asculți, negreșit cazi în genunchi pentru că te afli deja în relație cu eternul, cu Dumnezeul sufletelor cuminți, cu esența vieții și cu tot ceea ce urmează după aceasta, idee sau element important în conturarea răspunsului unic pentru mii de întrebări.

Măiestria cu care artista abordează temele sacre ne conduce spre redescoperirea frumuseții și spre înțelegerea acesteia, e vorba, cu siguranță, de un fel de memorie estetică pictată, de o mărturisire a credinței și a acceptării, bazată pe senzații, pe stări și forme detaliate cu o evidentă precizie tehnică. E ca și cum zgomotele ar fi dizolvate în totalitate iar împrejur își ia în stăpânire locul meritat, tăcerea – dar cum altfel ai putea să rămâi decât tăcut în fața preaplinului de frumos și de har? ...

Viziunea de ansamblu denotă liniștea, pacea interioară, iar orice alte interpretări ar fi de prisos; să-ți poți dezvolta continuu ideea despre frumusețe, despre cea a lumii tale interioare în primul rând, e mare și necesar lucru! Pentru mine, ca scriitor, fiecare imagine constituie un text profund în sine, o uriașă perspectivă de meditație asupra lor în ansamblu sau luate în parte, dar și conștientizarea faptului că ești în fața sensibilității artistice de netăgăduit, în fața energiei creative, a expresiei curate, cu alte cuvinte sau tot cu aceleași, modalitatea de exprimare concentrează ceea ce dă pe afară dinlăuntrul lumii artistei și musai să împărtășească și cu noi, muritorii de rând.

Incandescența luminii vorbește despre marea ei taină, decide și învinge, este asociată cu bucuria definitivă a celui ce privește, prin urmare, încă un motiv în plus să concluzionăm că tablourile lui Karmen vorbesc, au suflet și sunet, această relaționare cu experiențele eului creator validează existența artistică în sine, implicarea – n-am nicio îndoială că toate aceste lucruri și multe altele o situează pe Karmen într-o elită de talent în contextul unei noi mișcări artistice – pictura, pasiune căreia îi rămâne fidelă! Omul sfințește locul, sfințească-se, deci, și numele tău!

cucerită, Daniela Toma, poet

DEISIS

Plângerea lui Iisus

Iconografia, s-a născut în ziua în care Domnul nostru Iisus Hristos şi-a şters faţa cu o pânză imprimandu-Şi pe aceasta chipul Său dumnezeiesco-uman. Potrivit tradiţiei Evanghelistul Luca a pictat chipul Maicii Domnului. Icoanele întruchipează unirea dintre pictură şi acele simboluri, lucrări artistice care au înlocuit icoanele în timpul prigoanelor.
O icoană trebuie să amintească oamenilor de latura duhovnicească a persoanei zugrăvite. Karmen Zaharia se numără printre iconarii dragi nouă care ne face să vibrăm frumos în faţa icoanelor făcute de dansa. Fie ca Domnul nostru Iisus Hristos să-i călăuzească paşii mereu.

Florin Bosinceanu

Bunavestire

Învierea Domnului

"Sf.Apostol si Evanghelist Luca"

Karmen Zaharia şi icoanele sale. Ce să spui despre Karmen şi icoanele ei? Că senzaţia mea privindu-le a fost aceea că am găsit cea mai scurtă cale spre Dumnezeu? Poate! Poate asta e cea mai importantă componentă a artei sale. Aceea de a te transpune în altă dogmă de gândire şi simţire...de a te scoate brusc, dar liniştit, fără spasm,din realitatea plină de angoase şi încrâncenări, şi a te transpune în liniştea bizantină a icoanei...a meditaţiei, a mantrei.

Chiriac Cristian Dan (pictor)

"Întâmpinarea Domnului"

Cine ar putea să nu realizeze farmecul irezistibil al picturilor noastre populare pe sticlă sau să fie captivat de tonul lor cordial și puternic? Compoziția, ingenuoasă și rafinată, colorată nobilă, atât de viu în același timp, ne transpune la opera lui Matisse.
DAN HAULICĂ

"Sf Prooroc Ilie"

"Sf. Arhanghel Mihail"

Prin autenticitatea puternică, umanismul, farmecul decorativ, culoarea strălucitoare şi tradiţia acestui gen de artă, atât de aproape de viaţa oamenilor (aceste icoane) merită toată admiraţia noastră.

Hans Redeker-Olanda

"Sf.Ierarh Nicolae"

"Nu am să vorbesc despre cum se pictează o icoană pe sticlă sau detalii despre stil și tehnică. Sunt ușor de găsit aceste informații. Karmen Zaharia pictor ucenic, cum îi place să-și zică este deja demult "meșteșugarul priceput" cea care face întreaga muncă a unei echipe (pentru că tradițional, icoana pe sticlă este pictată de o colectivitate, sau familie). Cu sinceritate și cu eleganță, fără fariseism și cu credință, reușește să fie autentică, pictează fără a altera frumusețea izvodului ceea ce dă valoare lucrului finit. Nu tinde să-și pună amprenta denaturând modelul și totuși prin desăvârșirea lucrului este originală. Icoana pe sticlă este creată după modele recunoscute, cu detalii și delimitări clare, cu culori pure exact ca sufletul unui copil care nu știe să mintă. Karmen Zaharia - pictor ucenic - întrunește calitățile unui mare maestru, meșter al acestei tehnici impresionează și transmite sentimente puternice. Felicitări meșter Karmen Zaharia"

Dan Neamu- pictor

Sf.Ierarh Nectarie de la Eghina - tempera pe hârtie manuală

"Sf. Mare Mucenic Gheorghe, purtătorul de biruință"

Sfântul Gheorghe a fost un soldat roman de origine greacă și ofițer în Garda împăratului roman Dioclețian, care a fost condamnat la moarte pentru că nu a renunțat la credința creștină. În calitate de martir creștin, el a devenit mai târziu unul dintre cei mai venerați sfinți ai creștinismului și a fost în mod special venerat de cruciați.

Sfântul Gheorghe este un sfânt pomenit de aproape toate Bisericile tradiționale, de obicei pe data de 23 aprilie. Este considerat patron al multor țări, regiuni și orașe.

Pictura pe sticlă – o tehnică milenară

Nu vom ști niciodată în mod cert momentul în care sticla - splendida materie translucidă creată de spiritul inventiv al omului, născut în Orientul Apropiat și deja cunoscută, cu 2500 de ani înainte de epoca noastră, a fost folosită de fenicieni, egipteni, palestinieni și babilonieni ca suport pentru pictură. Această descoperire ar fi putut fi accidentală sau rezultatul experimentelor unui pictor, deoarece mica placă de sticlă s-a oferit cu generozitate pentru acest scop, deoarece era posibil să fie copiat orice model - desenat anterior - prin simpla suprapunere pe suprafața de sticlă. Se stabilește că tehnica picturii de sticlă era cunoscută încă din secolul al doilea înainte de era noastră, difuzarea largă fiind atestată de arta elenistică. Noutatea și caracterul specific al acestei tehnici se datorează faptului că straturile de vopsea sunt aplicate în succesiune "inversă" (în comparație cu vopsirea obișnuită) pe una din fețele panoului de sticlă; astfel, această parte devine "fața interioară" a picturii care apare, prin corpul transparent al plăcii de sticlă, pe "fața exterioară". Sticla are astfel funcția dublă a suportului și a stratului de protecție. Imaginea este construită în mai multe etape distincte, straturile de vopsea - care nu pot fi corectate - fiind suprapuse. Prima etapă constă în aranjamentul liniar al subiectului, urmărind contururi clare, care formează o rețea formată dintr-un număr mare de suprafețe mici, perfect delimitate. În cea de-a doua etapă, desenul interior și detaliile sunt introduse pe suprafețele mici; ele formează accentul cromatic care se opune fundalului colorat (tonul local) care, într-o a treia etapă, umple toate suprafețele delimitate prin desen. Datorită faptului că imaginea este executată invers ca și cum ar fi văzută printr-o oglindă, astfel încât să apară reală pe suprafața plăcii de sticlă, această tehnică necesită un model, un model care este transferat prin suprapunerea plăcii de sticlă. Prin urmare, ar fi mai potrivit să o descriem ca fiind "pictura de pe spatele plăcii de sticlă", o analogie a termenului german de Hinterglassmalerei. Se poate obiecta că o placă de sticlă nu are nici "partea interioară", nici "partea exterioară", că una din fețele sale devine "partea interioară" numai atunci când este utilizată pentru acest scop special.

În plus, orice pictură cu un cadru obișnuit, plasată sub o placă de sticlă, este o pictură "sub" sticlă.

Combinația de cuvinte "pictură pe sticlă" exprimă o noțiune mult mai precisă, adică suportul pe care este executată pictura, spre deosebire de alte suporturi, cum ar fi panouri din lemn, pânză, carton etc. termen care a câștigat o circulație largă în România, deși nu indică și a doua funcție a sticlei, și anume funcția unui strat de protecție. Sticla, ca suport, a început să fie utilizată cu 2000 de ani înainte de a fi folosită ca strat de protecție pentru opere de artă executate pe alte suporturi decât sticla. Servind atât ca strat de suport, cât și ca strat protector pentru pictură, sticla dă o strălucire deosebită culorilor aplicate pe "partea interioară", astfel că aerul și stratul de praf care apar între placa de sticlă și pictura încadrată, sunt excluse. Culorile, în tonuri pure, care acoperă suprafețele cu un strat uniform sau aplicate sub formă de straturi subțiri transparente sau din nou în nuanțe umbrite, devine mai luminoase când o tentă de aur sau de argint este așezată sub pictura, oferindu-i luciu metalic. Datorită suprafeței sale vălurite, sticla veche produsă în multe fabrici poseda o strălucire cristalină nemaipomenită. Diferitele planuri de înclinație reflectă lumina fiecare în felul său, producând efectul unor valuri care curg, ca un voal magic, așa cum a fost aruncat asupra imaginii care pare să capteze mediul înconjurător pe care il reflectă prin lumină. Această interfață fermecătoare cu o dublă realitate - imaginea și lumea exterioară - conferă picturii pe sticlă o viață secretă, agitată și mereu schimbătoare. Calitățile fine ale picturii pe sticlă, inaccesibile altor tehnici de pictură și care se află chiar în structura sa, i-au permis să supraviețuiască prin două milenii, să revină la viață din nou și cu aceeași prospețime viguroasă în continua schimbare a diferitelor stiluri – întotdeauna adaptate la gustul epocii.

În Italia, unde această tehnică fusese pierdută, ea a apărut din nou, importată din Bizanț, abia în secolul al XIV- lea și de acolo s-a răspândit în centrul și vestul Europei. Potrivit cercetătorilor, o dovadă din această perioadă este răstignirea din anul 1320-30, aflată astăzi în Germania la Muzeul Schwerin. Cea mai veche lucrare în această tehnică este un altar de casă mică datând din secolul al XIV-lea, astăzi în biserica Sfintei Cruci din Rostock, în nord-estul Germaniei. Pentru următoarele două secole, această artă, împreună cu arta grafică, au servit doar pentru teme religioase. Ar trebui să menționăm aici că splendidele vitralii, de care se bucură marile catedrale ale Europei, nu au nimic de-a face cu pictura pe sticlă . În România, sticlă era produsă din secolul 16, adusă de meșteri germani, în Transilvania. Printre cele mai vestite vechi icoane pomenim cea de la biserica din Ribnicioara (1778). "Virgină cu copilul" pictat de Ioniță pictor la Brașov - 1780. Profetul Elijah, Nicula - 1790, Sfânta treime de la Alba Iulia, semnată de Petru zugravu - 1795 și un "Sf. Nicolae" aflat la biserica Joseni - 1798.

Note

Mănăstirea Nicula este un important centru de pelerinaj din Ardealul de Nord. Vechi loc de pelerinaj greco-catolic, biserica mănăstirii a adăpostit de-a lungul timpului renumita icoană pictată în anul 1681 de meșterul Luca din Iclod. Conform unui proces-verbal întocmit de ofițeri austrieci, icoana ar fi lăcrimat între 15 februarie și 12 martie 1699. În anul 1713 guvernatorul Transilvaniei Sigismund Kornis a dus icoana la reședința nobiliară de la Castelul Kornis, de unde aceasta a ajuns la Cluj. După care, icoana se întoarce la Nicula, în bisericuța de lemn nou construită, pentru a adăposti odorul bisericesc.

Prin intermediul școlii de meșteri iconari de la mănăstirea Nicula, a pătruns în Transilvania tehnica picturii pe sticlă, acest obicei avându-și originea în Boemia, Austria și Bavaria, zone în care tradiția manufacturilor de sticlărie s-a împletit cu religiozitatea populară catolică.

AG.

Mănăstirea Nicula –
Maica Domnului îndurerată

"Maica Domnului de la Nicula"

Am să încerc să sintetizez tot ce simt. Suflet prea plin de lumină, ucenică smerită artistă fără ifose, sensibilitate uriașă!

Mihai Puricel (pictor)

Sf. Arhanghel Mihail
tempera pe
hârtie manuală

Sf.Arhanghel Gavriil-tempera pe hârtie

Sf.Ap.Ioan Evanghelistul - (detaliu) -acril pe pânză - 50/29 cm

"Sf.Prooroc David"
 tempera pe lemn,
30/20 cm.

"Nașterea Domnului"

De ce îmi plac lucrările artistei Karmen Zaharia?... Pentru că eu văd în ele un demers de suflet și credință. În tușele tale sființi sunt conturați cu discreție, patimă și credință. Uneori depășești metrica și tehnica bizantinistă impusă pictorilor iconografi, iar în cromatica icoanelor tale, topești cu măiestrie în culoare, cantități imense de inimă și suflet.
Cu prețuire, prietenă dragă!

Petru Dincă

Pagina următoare:

"Maica Domnului Îndurerată"

"Judecata de Apoi"

Sf.Apostoli Petru și Pavel tempera cu emulsie pe lemn - 25/18 cm

Cea mai profundă încăpere a sufletului e un altar. . . acolo ne rugăm, plângem, ne bucurăm, preamărim: Sfințească-se numele Tău! În totalitate fără nici o piedică și fără teamă, singuri cu Dumnezeu ne găsim pacea și aprofundăm spiritualitatea. Lucrările artistei vizuale Karmen Zaharia sunt ca tapiseriile unei cămăruțe a sufletului. Ea pictează cu bucurie și puritate, cu un talent și o creativitate remarcabile. Culorile pe care le utilizează au intensitatea pasiunii ei și Artă sa Sacră reflectă adânci și adevărate emoții ale unui credincios. Temele clasice, realizate în stilul devenit semnătură a artistei, se transformă în comori fără de preț! Admirându-le, ești învăluit într-un dialog spiritual, nici un suflet nu va ramâne neatins! Uluitoare artă!
Carmen Tatiana Onuorah

Prin arta sacră, artista Karmen Zaharia, ne arată cum pasiunea, tenacitatea, talentul și imaginația pot să consacre un artist pe un domeniu atât de delicat, complex și universal cum este cel al credinței. Tematică artistei este foarte vastă, abordând teme simple și complexe trecând ușor de la un stil mai simplu de discipol ce simte că mai are de învățat, la cel f. grav, de forță sau de mare maestru, prin această arătând sensibilitatea artistică și personală și pasiunea pentru o artă mai greu de realizat prin restricții, canoane și stil.

Cromatica artistei este vie, icoanele prind viață prin acuratețe, finețe și simplitate și invită la meditație și aplecare spre credință. Arta sacră nu este ușoară dacă artistul ce o face nu este cu puritate și credință în suflet, nu este doar expresia maiestrei artistului, ci a credinței și adevărului și prin aceasta, Karmen Zaharia ocupă déjà un loc distinct în artă noastră contemporană iar multitudinea creațiilor sale, prin varietate, stil, formă și mărime, o conturează pe deplin pe artistă și ne introduce ușor în universul imaginat și creat artistic.

Prin stilul personal dincolo de canoanele impuse artei sacre, artista arată cu fiecare lucrare că este în deplinătatea creației sale, că are multe de arătat și că arta sa va fi mereu mai frumoasă. Pictând pe diverse materiale și cu diverse materiale, vedem măiestria și siguranța ce o are, deoarece tema sacră nu este un simplu portret, decor sau peisaj, este o realizare a credinței, a dorinței de a trăi în puritate și frumos.

Rezumând în cuvinte puține, Arta sacră oglindește răbdarea, talentul și iubirea de Dumnezeu, iar artista Karmen Zaharia reușește să o realizeze pe deplin.

Mihai Catruna (grafician)-fondatorul revistei Eminesciana

"Sf.Mc. si Arhidiacon Stefan"
Tempera pe Hârtie

"Sf.Ap. si evanghelist Luca"

O icoană este o rugăciune în culoare, priviți cu sufletul icoanele pictate de doamna Karmen Zaharia și veți simți dragostea pe care artista a pus-o în fiecare trăsătură de penel

Constantin Mihalachioaia (pictor)

"Iisus Binecuvântând"

"**Maica Domnului Îndurerată**

"Sf. Mare Mc. Mina"

Karmen Zaharia - Distinsa doamna nu mai este de mult ucenic în ale picturii! I-am observat evoluția, progresul în dragostea pentru artă, icoană în special. Artista folosește icoana ca punct de plecare pentru arta dânsei, personalizand-o, dându-i altă trăire, altă imagine plină de prospețime de har, de frumusețe lăuntrică, care răzbate în lucrările semnate Karmen Zaharia. Artista a plecat pe un drum care i se potrivește, talentul înnăscut ajutând-o, iar munca susținută ne face să vedem în operele create, o artistă de valoare și de un mare rafinament.

Țaroi Ioan Aron (pictor)

"Bunavestire"

Multe icoane pe sticlă sunt de obicei frumoase; muzeele, oamenii cu un simț sincer al frumosului le adună cu atenție, iar istoricii de artă le studiază.

GEORGE CĂLINESCU

**Sfinții Împărați
"Constantin și Elena"
tempera pe sticlă
25/30 cm**

De ce îmi place ceea ce faci?... De ce îmi plac lucrările tale?... Pentru că eu văd în ele un demers de suflet și credință. În tușele tale sființi sunt conturați cu discreție, patimă și credință. Uneori depășesti metrica și tehnica bizantinistă impusă pictorilor iconografi, iar în cromatica icoanelor tale, topești cu măiestrie în culoare, cantități imense de inimă și suflet. Cu prețuire, prietenă dragă!

Petru Dincă

Maica Domnului cu pruncul - Icoana naivă-tempera pe lemn, 14/10 cm.

Pictorii Nicula au folosit culori extrem de violente, totuși vibrante, calde, sincere.
Icoanele lor reprezintă cele mai neașteptate și izbitoare opere, create de popor, de o emoție artistică de neuitat și extremă vigoare.

GEORGE OPRESCU

Cuvioasa Parascheva

Cunoscută și sub numele de Parascheva, este o sfântă venerată în Biserica Ortodoxă Română și în alte biserici de rit oriental, sfânta patroană (ocrotitoare) a Moldovei. S-a născut la începutul secolului al XI-lea, în satul Epivat, Tracia, nu departe de Constantinopol, din părinți bogați și binecredincioși. Ziua ei de pomenire este 14 octombrie. Prima mențiune în limba română despre Cuvioasa Parascheva apare în „Cartea românească de învățătură a Mitropolitului Varlaam al Moldovei", apărută la Iași în 1643.

Karmen a mea, cu icoanele ei ce sunt plăsmuite cu har și unde sacralitatea emană dumnezeire, acolo e ea. E un domeniu greu de stăpânit, cu multă răbdare, pricepere și iubire. Cuvintele mele sunt de prisos , tot ce pot să fac, mă plec în fața lor și-mi dau sfiiciunea sufletului meu.

Filomela-Elena-Bucur

Punerea în mormânt a Domnului - tempera pe hârtie

"Sf.Mare Mc. Gheorghe-Purtătorul de biruință"

Toți sfinții

"Nașterea Fecioarei"
Pictură pe pe sticlă

"Sf.Ierarh Nicolae "- cruciuliță lemn, tempera cu emulsie, 10/7 cm

O icoană este o rugăciune în culoare, priviți cu sufletul icoanele pictate de doamna Karmen Zaharia și veți șimti dragostea pe care artista a pus-o în fiecare trăsătură de penel. Icoanele sunt deosebite, vă felicit ! *Constantin Mihălăchioaia-pictor*

Formele și cromatica lucrărilor de artă sacră pe care ni le propune Karmen Zaharia ne destăinuie trăirile adânci ale artistei, sensibilitatea, căutările, speranțele și credința pe care le tranforma în spirit pur și smerenie. Artista ne redă ceva din ființa sa, cu delicatețe și teamă...cu îngrijorare și bucurie... Combinând "lumina necreată", redată de obicei prin culoarea aurie, cu amestecuri rafinate de griuri neutre și colorate dar și binecunoscutele culori primare (roșu, galben, albastru) împreună cu toate combinațiile posibile prin înlănțuirea lor într-un tot unitar și coerent, artista ne trasmite parte din frământările și bucuriile sale. Arta sacră are menirea de a curăța sufletul și ochiul privitorului, de a ne transmite sensibile mesaje, așa cum este și sufletul artistei ucenic Karmen Zaharia. Ar fi demnă de urmărit de a lungul vremilor, evoluția artistei și de asemenea sensibilele sale realizări artistice.

Artist plastic, curator:
Țitrea Adina Moldova

"Nasterea Domnului"
 pictură pe sticlă

Când spui ICOANĂ, spui transcendenţă, fereastra către Dumnezeu. Poate că acesta este motivul pentru care îmi vine foarte greu să vorbesc despre un subiect cu o încărcătură atât de mare. Totuşi, acest acces către lumea divină, care trebuie să fie privit şi pus în fapt cu mare grijă şi responsabilitate, este uimitor de bine realizat câte o dată. Icoana, subiectul său scena reprezentată are o căldură și o forță care te copleșesc, atât din punct de vedere estetic - al echilibrului, al traseului compozițional, al armoniei în formă și culoare, cât și datorită încărcăturii sale euharistice, spirituale, asigurând astfel, scopul pentru care a fost creată. Nu este ușor să te încumeți să pornești pe o asemenea cale - cea a picturii religioase, însă, sunt dintre cei chemați, dintre cei înzestrați cu acest har. Karmen Zaharia este unul dintre ei. Si-a propus să se apropie de pictura iconografică, cu mare modestie, cum bine îi stă unui om în raport cu reprezentarea divinității, spunându-și:" ucenic". Însă, talentul său și exprimarea plastică de

o mare sensibilitate, însoțite de o notă înaltă calitativă a expresivității formelor și culorilor, frumoasa punere în pagină folosită în abordarea temelor propuse, o desăvârșesc în arta icoanei, dovedind un profesionalism de apreciat.

Victoria Taroi (pictor)

Masa de Rai

Sfânta Treime - tempera pe hârtie

Sf.Mare Mc.
Gheorghe
tempera
pe hârtie

Maica Domnului cu Pruncul - tempera pe hârtie

Ev mediu

Pe lemn, pe pânză sau hârtie, lucrările"pictorului ucenic" Karmen Zaharia transmit.....pietate! Hieratismul bizantin al icoanelor ei te duce însă mai departe, şi mai uşor. Policromia culorilor, tradițonală în icoana ortodoxă populară, transformă fiecare lucrare într-o mică sărbătoare! Alăturarea culorilor curge lin, expresiv, plastic! Icoanele, în general, sunt cea mai scurtă cale către Dumnezeu. Pictorul "ucenic" Karmen Zaharia a ajuns deja la o esenţializare şi siguranţă a liniei, la o eleganţă a posturii, la o fineţe a gesturilor mâinii şi a degetelor proprie numai marilor iconari bizantini. Icoanele ei sunt mici bijuterii policrome, aducătoare de linişte şi pace...

Chiriac Cristian Dan
- artist plastic

Sf.Mare Mc.Mina - tempera pe hârtie

Sf.Arh.Gavriil

Sf.Ioan
Botezătorul
-DEISIS-

Sf.Prooroc Ilie
-tempera pe hârtie

Sf.Mare Mc.Gheorghe - tempera pe hârtie

"Sf.Cuv.Daniil Sihastrul"

Karmen Zaharia transmite prin lucrările ei o armonie a compozitiilor printr-o subtilă şi rafinată poezie care nu poate fi exprimată decât prin formă şi culoare. Ea ne oferă o fereastră spre absolut, spre acel univers al credinţei către care este atrasă în mod deosebit. Abordând un domeniu delicat,cel al iconografiei, artista mprimă compoziţiilor sale un limbaj plastic prin nobleţea simplă şi delicată a simbolurilor sacrului.
Roxana Bărbulescu
-Critic de artă

"Înger" -
acril pe pânză

"Sf. Mare Mc. Dimitrie -Izvorâtorul de Mir"

Aprecieri

Ionel Bota

Sfinții artistei Karmen Zaharia sau despre factologiile primordialului

Este de-a dreptul confortabil să-ți oferi șansa de a vedea lucrări ale plasticienei Karmen Zaharia în expoziții personale sau în acelea de grup. Iar ultimii ani au îngăduit multora opinii interesante, uneori extrem de curajoase într-o lume a culturii (a noastră, desigur) în care scara valorilor nu doar că e răsturnată dar purulența inflaționistă a axiologiilor naște mituri false și podiumuri mincinoase. Artista aceasta a apărut în temele genului tocmai când se simțea nevoia unei astfel de desprinderi din canonul iconarilor din cele trei decenii postdecembriste. De ce? Fiindcă personajele din majoritatea lucrărilor ei sunt într-atât de umanizate pe cât de expresive, la modul de a explora și a ne releva, nouă, veritabile studii asupra tipului uman, lecturi ale operei omului în vasta retortă antropologică, acum, după două mii de ani, imposibil de redus doar la demersul interpretativ al sacrului asupra formulei de tip pozitiv a reprezentărilor factologiilor primordialului.

Sfinții sunt, în lucrările semnate de Karmen Zaharia, tipologia învederând un așa-zicând arbitrariu impresionist ba chiar am zice, mai degrabă, că e un altfel/nou semn de lectură a realului încastrat în perspectiva aleasă, firesc, pentru arhetip. Iată de ce, credem acum, deplina articulare a ochilor, a privirii, în semasiologia întregii lucrări, emană un vizionarism demn de iconografii ruși atașați lui Mir Iskusstvo dar inconfundabili cu varieteul experimentalist. Artista noastră disjunge, asta fiindcă știe să cedeze, la momentul oportun, locul reabilitării expresiei, subiectivității unei poetici a totalitarului.

Ea nu restaurează, ea induce realități structurale și le aduce în fața privirilor noastre. Fie că e vorba de fizionomii de sfinți, fie că decorul și, firește, decorativismul imprimă discursului cromatic un metalimbaj oficiat cumva auratic spre a descifra una sau mai multe constante formale, artista reușește pe deplin unitatea de sens. Iar grija pentru detaliu arată, bunăoară, un parcurs hermeneutic al simbolicilor instaurând un caracter creator în întregul cromatic. Sigur că am putea enumera destule exemple, deoarece polivalența semnificațiilor instituie un dialog al formelor și al formelor cu conștiința perceptoare a eului artist, timpul și spațiul se supun intersubiectivității și totul converge înspre coagularea unei viziuni, a unei povești, a pericopei denuanțând nivele ale meditației divizate între profan și sacru.

Din perspectiva plasticienei, interpretarea oricăror teme abordate indică ilustrarea unei/unor opțiuni. Karmen Zaharia știe foarte bine să transforme sentimentul inițial în cunoaștere primordială dar și cunoaștere a primordialului. Ipostazele lui Iisus, ca să recurgem la alte exemplificări, arată traversarea altor experiențe în care obiectualul sui generis poate fi înțeles ca rezervă mentală în cazul explorărilor care sunt mai degrabă intuiționiste, câtă vreme lucrul, lucrarea, obiectul de artă, este puternic marcată de nostalgia unității cosmice. Fiindcă viața, viața noastră, este întotdeauna o experiență retrăită, experiența extrasă din textul sacru, reificare.

**

Karmen Zaharia este un pictor cu o ambiție și o dragoste nesfârșită pentru artă și frumos , cu un curaj fantastic de a reda tipul uman,icoane într-o complexitate maximă. Ce nu știe dânsa e faptul că tehnica folosită este foarte grea, și pentru un iconar începător e fantastic curajul de a picta icoane...Tempera pe hârtie necesită o muncă și o minuțiozitate fantastică, trecută prin multiple etape. Icoanele pictate de Karmen Zaharia au viață, vorbesc și respectă standardele în artă, cu o cromatică și interpretare aparte.

Ștefan Șerban - artist plastic,membru al UAP -filiala Ialomița

Expoziții

2011 - Expoziţie de grup Ia Galeria Basil prof. Fabiana Dima;
2012 - Expoziţie de grup la Galeria Basil prof. Fabiana Dima;
2013 - Expoziţie de grup la Galeria Basil prof. Fabiana Dima;
2013 - Expoziţia taberei de creaţie "Vara pe uliţă" Muzeul Satului "Dimitrie Gusti";
2014 - Expoziţie personată "Aripi de inger... De când te aştept " prof. Fabiana Dima;
2017 - Expoziţie de grup "Dreaming" organizată de Galeria de artă "Elite Prof Art" (Mihaela Pandelescu);
2017 - Expoziţie de grup "Mozaic" organizată de Galeria de artă "Elite Prof Art" (Mihaela Pandelescu);
2017- Expoziţie de grup "Vibraţii cromatice" organizată de Galeria de artă "Elite Prof Art" (Mihaela Pandelescu);
2017- Expoziţie de grup "Poveşti de sărbătoare" organizată de Galeria de artă "Labyrinth" (Adina Moldova Ţitrea);
2018 - Colaborator revista "Eminesciana", numerele 8, 9 pictură; Fondator - Graficianul Mihai Cătrună;
2018 - Expoziţie personală "Icoană din suflet de copil" Center for Arts by Fabiana Dima.

www.ingramcontent.com/pod-product-compliance
Lightning Source LLC
Chambersburg PA
CBHW041537220426
43663CB00002B/64